As letrinhas fazem a festa

Matemática e Natureza

Celme Farias Medeiros

Educação Infantil
1

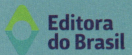

Dados Internacionais de Catalogação na Publicação (CIP)
(Câmara Brasileira do Livro, SP, Brasil)

Medeiros, Celme Farias
   As letrinhas fazem a festa : matemática e natureza : educação infantil, 1 / Celme Farias Medeiros. – 3. ed. – São Paulo : Editora do Brasil, 2017.

   ISBN: 978-85-10-06578-8 (aluno)
   ISBN: 978-85-10-06579-5 (mestre)

   1. Ciências (Educação infantil) 2. Matemática (Educação infantil) I. Título.

17-04994   CDD-372.21

Índices para catálogo sistemático:
1. Ciências : Educação infantil 372.21
2. Matemática : Educação infantil 372.21

© Editora do Brasil S.A., 2017
Todos os direitos reservados

Direção-geral: Vicente Tortamano Avanso

Direção editorial: Cibele Mendes Curto Santos
Gerência editorial: Felipe Ramos Poletti
Supervisão editorial: Erika Caldin
Supervisão de arte, editoração e produção digital: Adelaide Carolina Cerutti
Supervisão de direitos autorais: Marilisa Bertolone Mendes
Supervisão de controle de processos editoriais: Marta Dias Portero
Supervisão de revisão: Dora Helena Feres
Consultoria de iconografia: Tempo Composto Col. de Dados Ltda.

Coordenação editorial: Carla Felix Lopes
Consultoria técnica: Vanessa Mendes Carrera
Edição: Carla Felix Lopes e Monika Kratzer
Assistência editorial: Juliana Pavoni
Auxílio editorial: Beatriz Villanueva
Coordenação de revisão: Otacilio Palareti
Copidesque: Giselia Costa e Ricardo Liberal
Revisão: Alexandra Resende, Ana Carla Ximenes, Elaine Fares e Maria Alice Gonçalves
Coordenação de iconografia: Léo Burgos
Pesquisa iconográfica: Daniel Andrade
Coordenação de arte: Maria Aparecida Alves
Assistência de arte: Samira de Souza
Design gráfico e capa: Regiane Santana
Imagem de capa: Juliana Basile Dias
Ilustrações: Alexandre Rampazo (separadores), André Aguiar, Bruna Ishihara, Camila de Godoy, DAE (Departamento de Arte e Editoração), Edson Farias, Eduardo Belmiro, Eduardo Souza, Hélio Senatore, Imaginario Studio, Maíra Nakazaki, Paulo Borges e Silvana Rando
Coordenação de editoração eletrônica: Abdonildo José de Lima Santos
Editoração eletrônica: Adriana Tami e Sérgio Rocha
Licenciamentos de textos: Cinthya Utiyama, Jennifer Xavier, Paula Harue Tozaki e Renata Garbellini
Controle de processos editoriais: Bruna Alves, Carlos Nunes, Gabriella Mesquita e Rafael Machado

1ª edição / 3ª impressão, 2022
Impresso na Ricargraf Gráfica Editora.

Rua Conselheiro Nébias, 887
São Paulo, SP – CEP 01203-001
Fone: +55 11 3226-0211
www.editoradobrasil.com.br

Sumário

Matemática 5

Natureza 105

Matemática

Sumário

Coordenação visomotora 7
Cores 15
Formas 21
    Igual e diferente 21
Tamanho 26
    Mesmo tamanho 26
    Maior e menor 27
    Grande e pequeno 30
    Curto e comprido 33
    Alto e baixo 36
Quantidade 39
    Cheio e vazio 39
    Mais e menos 42
    Muito e pouco 45
Espessura 47
    Largo e estreito 47
    Fino e grosso 49
Posição 51

Mesma posição e posição diferente 51
Em cima e embaixo 53
Atrás e na frente 55
Entre e ao lado 56
Esquerda e direita 57
De costas, de frente e de lado 58
Para baixo e para cima 59
Dentro e fora 60
Longe e perto 61
Números de 0 a 10 62
Conjuntos 78
Conjunto vazio e conjunto unitário 84
Adição 88
Subtração 93
Figuras geométricas 98

Coordenação visomotora

🚩 Observe as bolinhas nas asas da joaninha e pinte-as com suas cores favoritas.

🚩 Ligue cada bicho à comida preferida dele.

Leve cada bola a seu destino traçando o caminho com giz de cera.

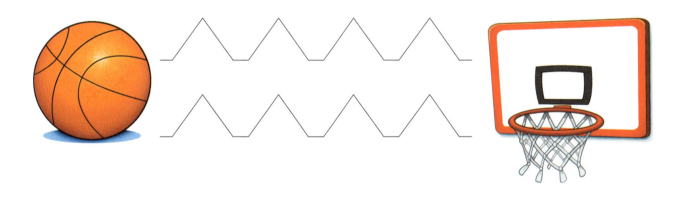

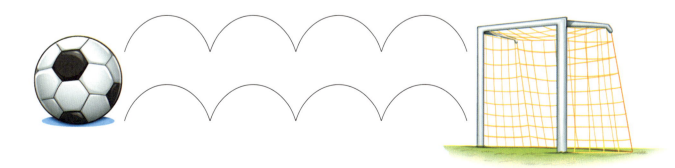

Leve a menina até as bonecas. Depois, pinte tudo bem bonito.

Pinte o Sol com giz de cera. Depois, cole fios de lã nas linhas tracejadas para formar raios.

🔖 Observe as figuras e pinte-as. Depois cubra os tracejados.

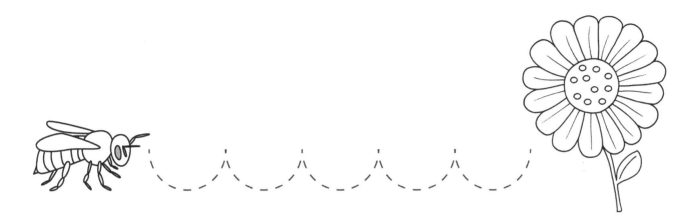

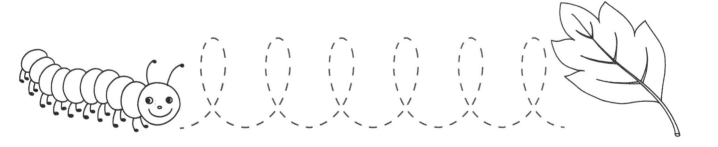

🚩 Trace o caminho das formigas até o formigueiro. Elas devem passar por todas as bolinhas.

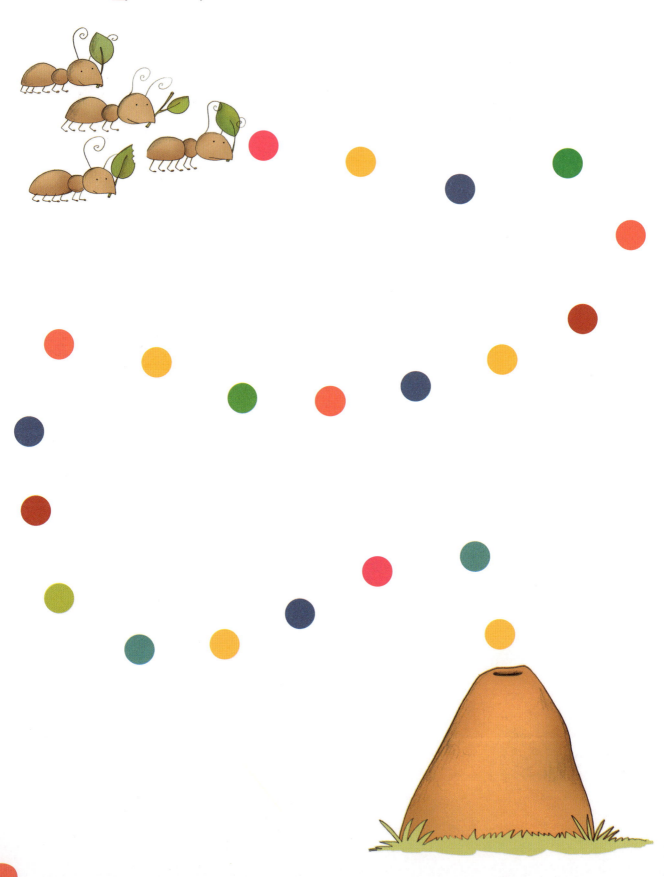

Cores

Pinte os balões de **vermelho**.

🚩 Pinte os presentes com as cores indicadas.

azul

amarelo

vermelho

🚩 Marque uma **+** no chinelo **azul**.

Pinte de **amarelo** as borboletas iguais.

🔖 Pinte as frutas a seguir com a cor que elas costumam ter.

🔖 Ligue cada calção ao tecido do qual foi feito.

🚩 Pinte as figuras iguais com as mesmas cores.

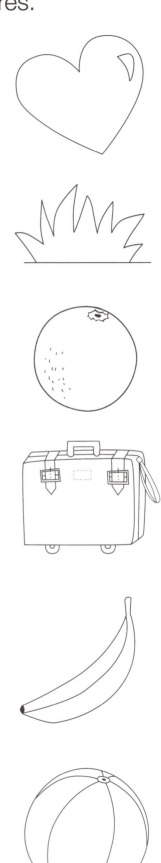

🔖 Pinte o balão com as cores que você estudou.

Formas

Igual e diferente

▸ Ligue as figuras **iguais** e circule as **diferentes**.

Pinte os pássaros **iguais** com cores **iguais**.

Pinte a camisa **diferente** e faça um **X** nas camisas **iguais**.

🔖 Circule o elemento **diferente** em cada grupo.

🚩 Desenhe peixinhos nos aquários de modo que fiquem com quantidades **iguais**.

🚩 Compare a quantidade de peixes que você desenhou com a dos colegas. Alguém desenhou uma quantidade igual a sua? Responda oralmente.

Tamanho

Mesmo tamanho

🚩 Pinte com a mesma cor a roupa das crianças que têm o **mesmo tamanho**.

Maior e menor

🔖 Pinte as bolinhas **menores** do vestido de Letícia.

🚩 Desenhe um sorvete **maior** do que este. Depois pinte os dois sorvetes com capricho.

🟩 Circule de **amarelo** o sapato **maior** e de **azul** o sapato **menor**.

🟩 Pinte as estrelas **maiores** de **roxo** e as **menores** de **verde**.

Grande e pequeno

■ Faça uma ● nos animais **pequenos**.

Pinte o peixe **grande**.

🚩 Ligue os objetos pequenos à caixa **pequena** e os objetos grandes à caixa **grande**.

Curto e comprido

🔖 Pinte os animais que têm o rabo **comprido**.

🔖 Faça uma linha agrupando os elefantes que têm a tromba mais **curta**.

🔖 Pinte a pipa que tem a linha mais **curta** e faça um **X** na que tem a linha mais **comprida**.

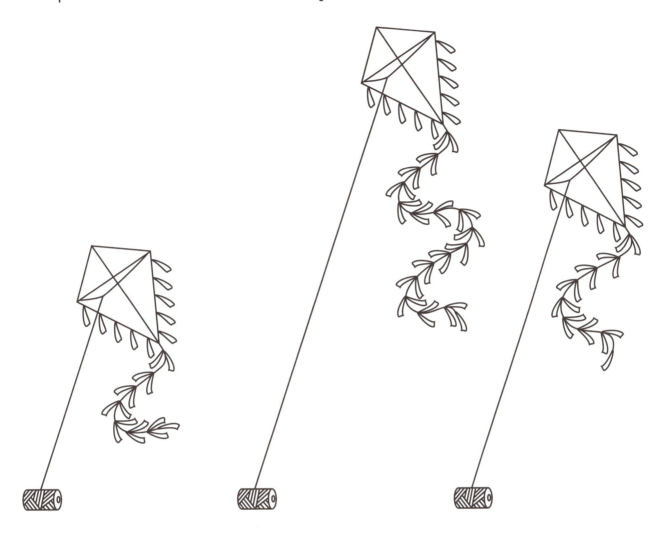

🔖 Circule o lápis mais **curto** de **verde** e o lápis mais **comprido** de **laranja**.

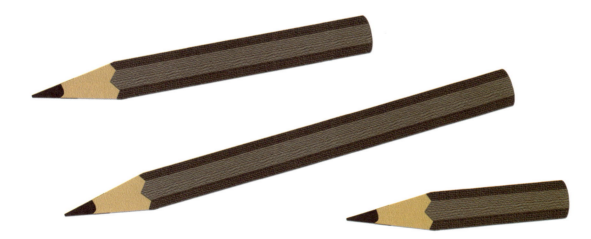

Alto e baixo

🔖 Pinte o prédio mais **alto**.

🚩 Cubra o tracejado do pulo de cada animal com a cor indicada. Circule o animal que pula mais **baixo**.

🚩 Para brincar na roda-gigante é preciso ser mais alto do que a marcação. Pinte de **vermelho** a roupa da criança que é mais **baixa** do que a marcação e de **azul** a da criança que é mais **alta** que a marcação.

Quantidade

Cheio e vazio

- Desenhe flores no vaso a seguir para que fique **cheio**. Depois, compare-o com o dos colegas e verifique qual ficou mais cheio.

🚩 Faça um **/** no copo que está **vazio**.

🚩 Circule a fruteira que está **cheia** de frutas e cole imagens de frutas na fruteira **vazia**.

🟩 Desenhe flores na jardineira que está **vazia**.

🟩 Marque um **X** na garagem que está **cheia**.

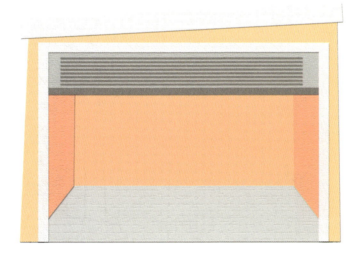

Mais e menos

🚩 Ligue o cachorro ao prato que tem **mais** comida.

🚩 Pinte o vendedor que segura **menos** balões.

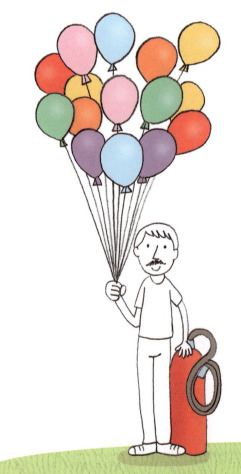

🚩 Pinte a caixa que tem **mais** lápis de cor.

🚩 Faça um **X** na caixa que tem **menos** brinquedos.

Hoje é o aniversário de Luís e Bianca. Pinte de **rosa** o bolo que tem **mais** velas e de **verde** o bolo que tem **menos** velas.

Muito e pouco

🚩 Pinte de **preto** a etiqueta do quadro que tem **muitos** chinelos.

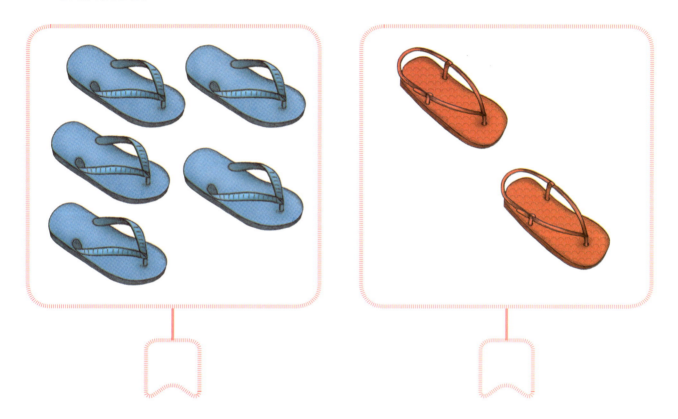

🚩 Pinte de **laranja** a etiqueta do quadro que tem **poucas** bolas.

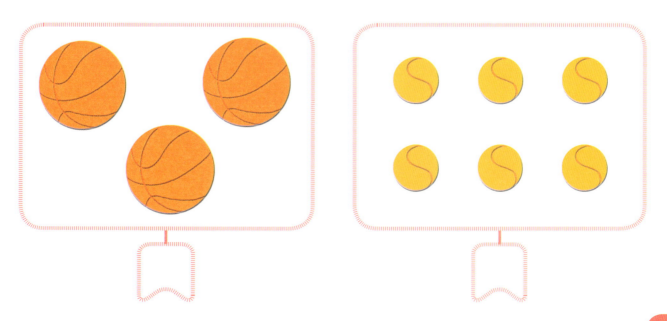

Recorte de jornais e revistas imagens de diferentes objetos. Depois, cole-as a seguir de modo que haja **mais** objetos no primeiro quadro e **menos** objetos no segundo.

Espessura

Largo e estreito

Enfeite com bolinhas **amarelas** a toalha mais **estreita**.

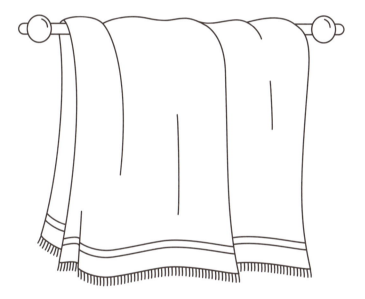 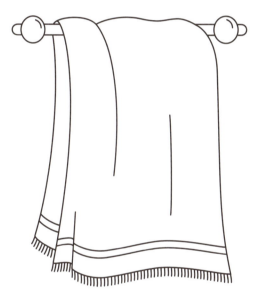

Desenhe o rosto de uma pessoa na janela mais **larga**.

Pinte com giz de cera **azul** o caminho mais **largo** e com giz de cera **vermelho** o caminho mais **estreito**.

Fino e grosso

🚩 Circule a árvore que tem o tronco **grosso**.

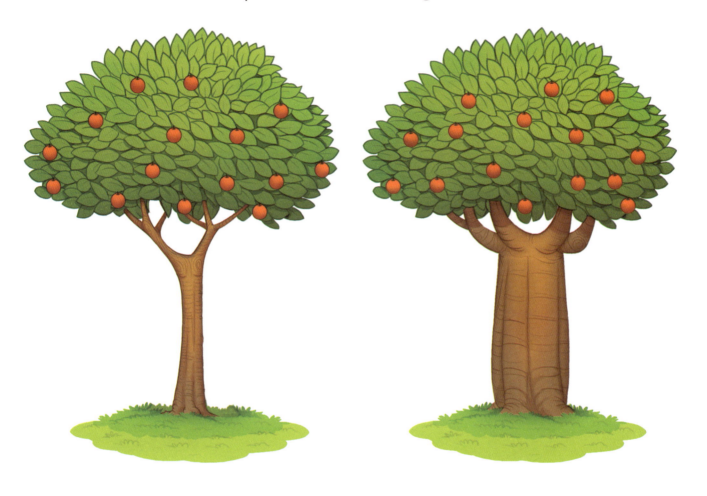

🚩 Faça uma **+** no poste mais **fino**.

Ligue cada lápis ao risco feito por ele observando se o traço é **grosso**, **fino** ou **médio**. Depois, pinte o lápis com a mesma cor de seu risco.

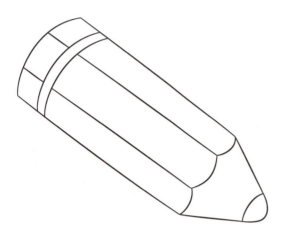

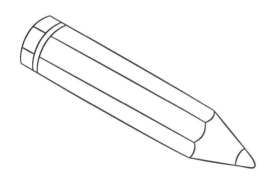

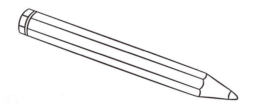

Posição

Mesma posição e posição diferente

▸ Pinte com cores iguais os tênis que estão **na mesma posição**.

51

🟩 Observe o modelo do quadro. Pinte o avião que está em **posição diferente** da dele.

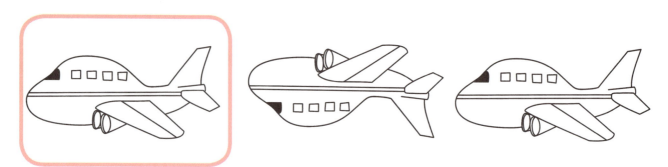

🟩 Faça um **X** nas aeromoças que estão na **mesma posição** e circule as que estão em **posições diferentes**.

Em cima e embaixo

🚩 Pinte as figuras do final da página e recorte-as. Depois, siga as indicações.

a) Cole **em cima** da mesa o vaso e o caderno.

b) Cole **embaixo** da mesa a bola e a lixeira.

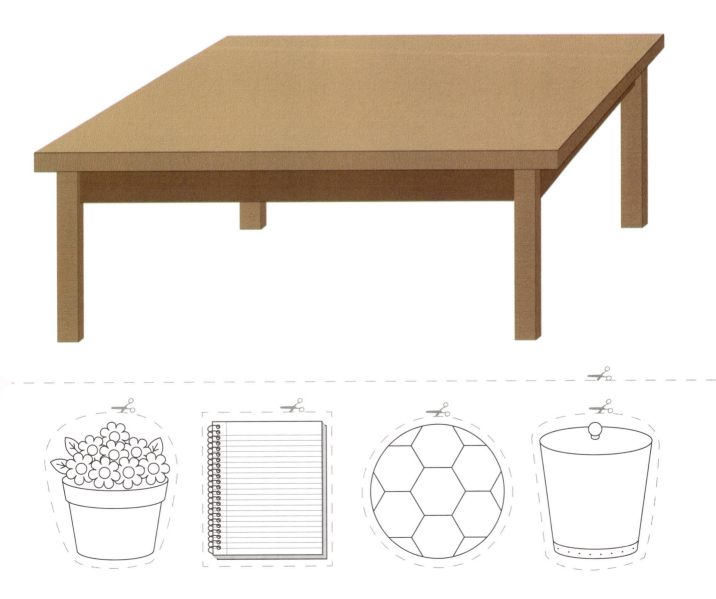

Atrás e na frente

🚩 Circule de **roxo** a pessoa que está **na frente** do homem comendo pipoca. Faça um **X** na pessoa que está **atrás** da menina de óculos.

Entre e ao lado

🔖 Observe a cor de cada massinha de modelar a seguir.

🔖 Agora, pinte os quadrinhos com a cor que está **entre**:

a) o **laranja** e o **amarelo**;

c) o **amarelo** e o **azul**;

b) o **vermelho** e o **verde**;

d) o **verde** e o **rosa**.

🔖 Cole uma folha seca de árvore **ao lado** do coelho.

Esquerda e direita

🚩 Desenhe sua fruta preferida no lado **esquerdo** da página. Depois, desenhe seu brinquedo preferido no lado **direito** da página.

🚩 Pinte o objeto que está na mão **direita** do bebê. Circule o objeto que ele segura com a mão **esquerda**.

De costas, de frente e de lado

🟩 Ligue as crianças que estão **de costas**. Faça um **X** nas crianças que estão **de frente**. Circule as que estão **de lado**.

Para baixo e para cima

🚩 Pinte as setas que apontam **para baixo**.

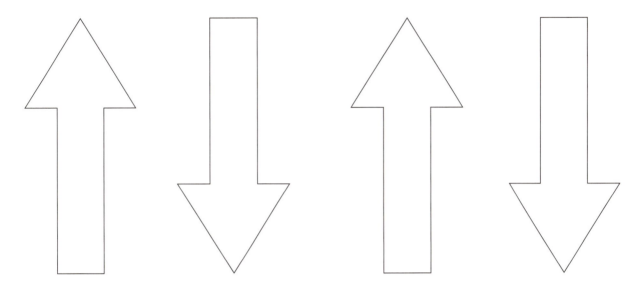

🚩 Circule a sombrinha que está com o cabo **para cima**.

Dentro e fora

🚩 Pinte de **amarelo** os brinquedos que estão **dentro** da piscina e de **vermelho** os brinquedos que estão **fora** dela.

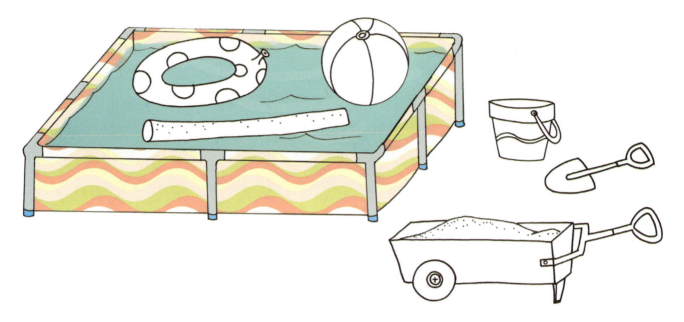

🚩 Faça um **/** nos gatos que estão **fora** da caminha e circule os que estão **dentro** dela.

Longe e perto

🚩 Pinte os passarinhos que estão **longe** do ninho.

🚩 Faça um **X** nas formigas que estão **perto** dos alimentos.

Números de 0 a 10

🚩 Quantas flores há no vaso?

0 flor

🚩 Siga as setas e cubra o tracejado do número 0.

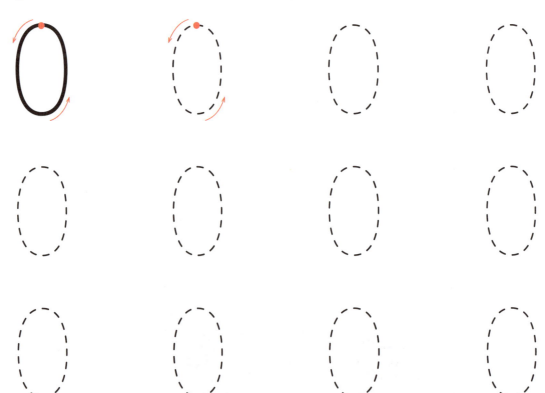

🚩 Vamos contar?

🚩 Siga as setas e cubra o tracejado do número 1.

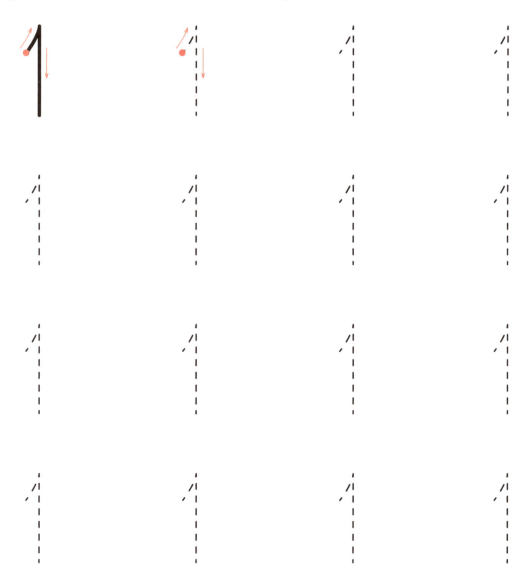

🚩 Vamos contar?

🚩 Siga as setas e cubra o tracejado do número 2.

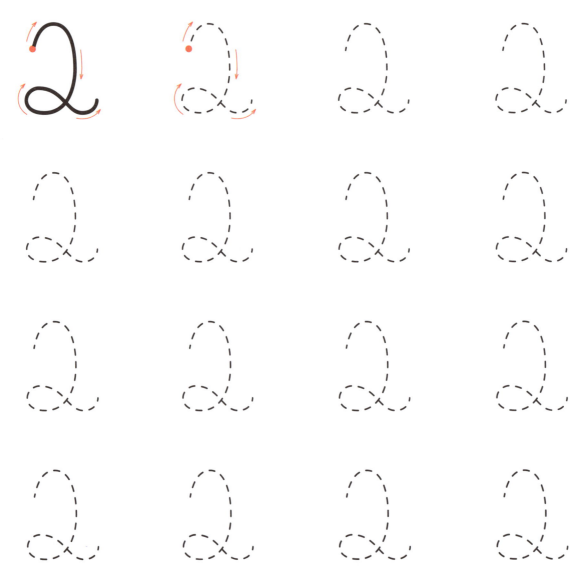

🔖 Vamos contar?

3 sorvetes

🔖 Siga as setas e cubra o tracejado do número 3.

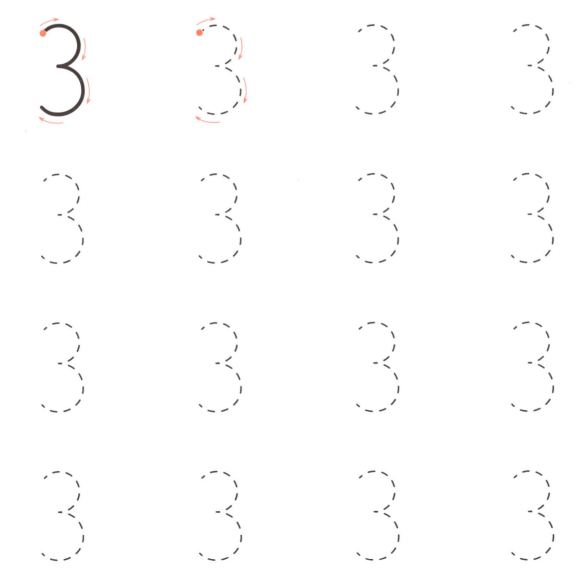

🟢 Vamos contar?

4 pipas

🟢 Siga as setas e cubra o tracejado do número 4.

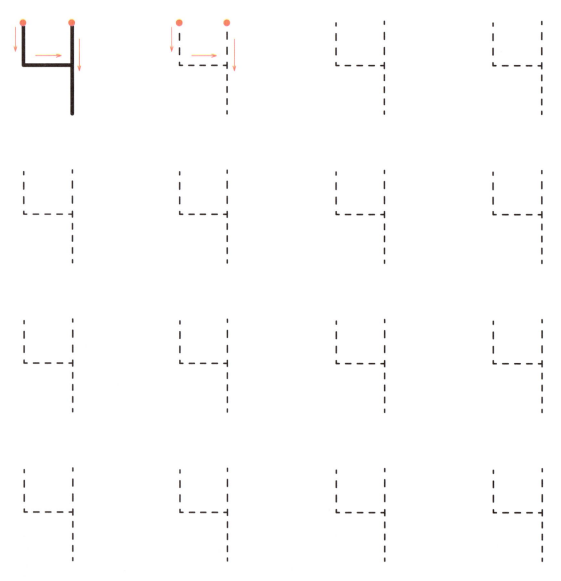

🔖 Vamos contar?

5 borboletas

🔖 Siga as setas e cubra o tracejado do número 5.

🚩 Vamos contar?

6 pássaros

🚩 Siga as setas e cubra o tracejado do número 6.

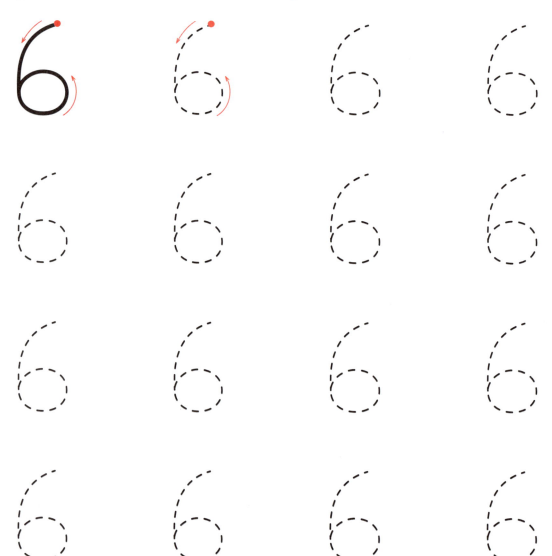

🟢 Vamos contar?

7 estrelas

🟢 Siga as setas e cubra o tracejado do número 7.

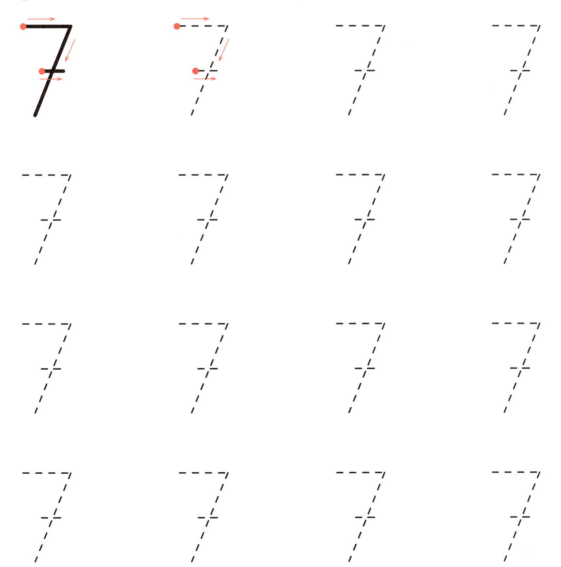

🟩 Vamos contar?

🟩 Siga as setas e cubra o tracejado do número 8.

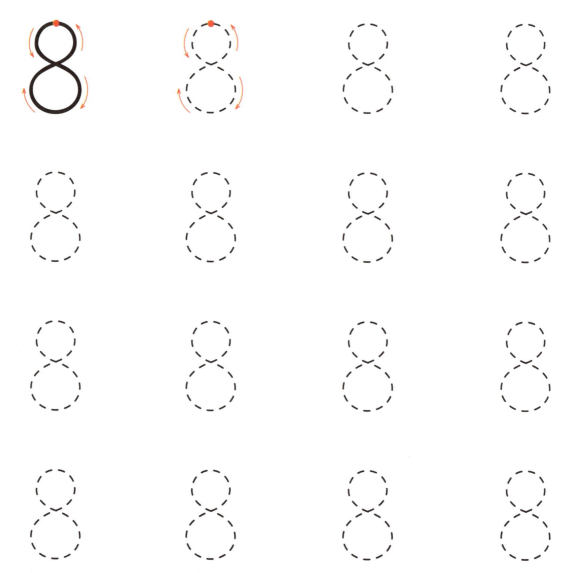

🚩 Vamos contar?

9 lápis

🚩 Siga as setas e cubra o tracejado do número 9.

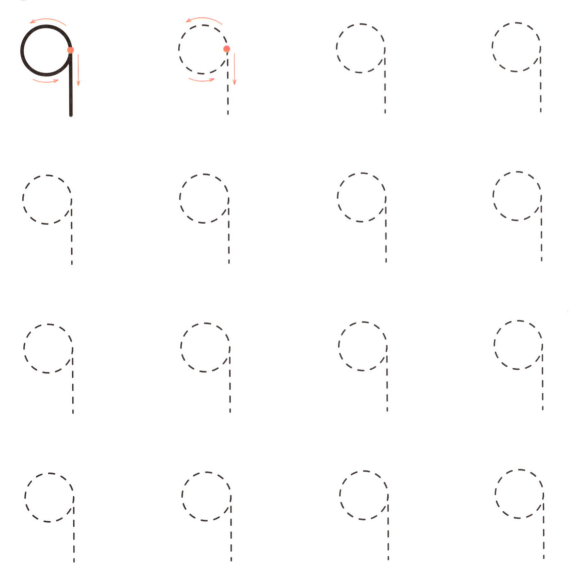

🚩 Vamos contar?

🚩 Siga as setas e cubra o tracejado do número 10.

🚩 Cante as cantigas a seguir com os colegas e o professor. Depois, circule os números que aparecem nelas.

A galinha do vizinho
Bota ovo amarelinho.
Bota 1, bota 2, bota 3,
Bota 4, bota 5, bota 6,
Bota 7, bota 8, bota 9,
Bota 10!

Cantiga.

1, 2, feijão com arroz
3, 4, feijão no prato
5, 6, molho inglês
7, 8, comer biscoito
9, 10, comer pastéis!

Cantiga.

🟩 Escreva o número que corresponde à quantidade de dedos levantados.

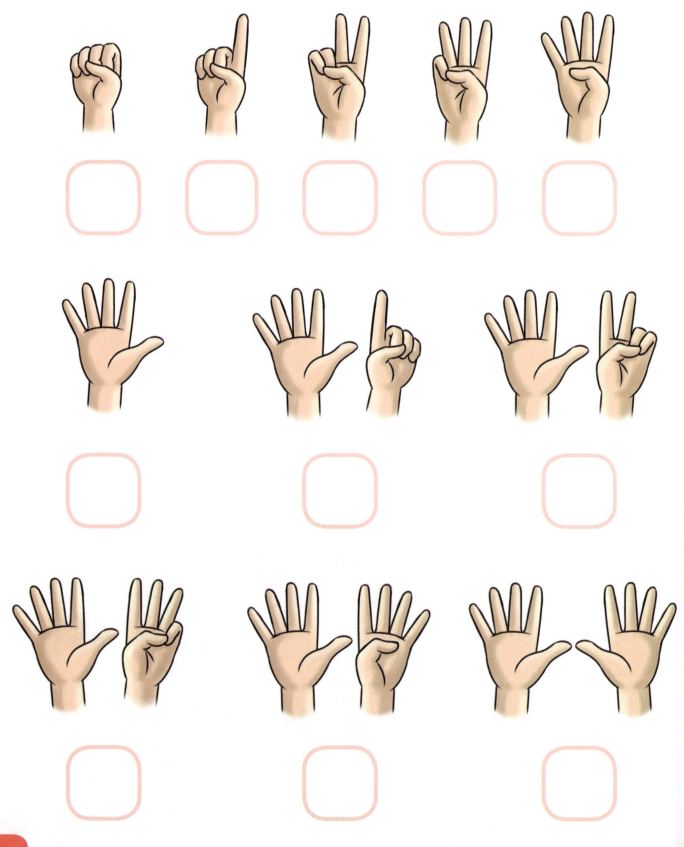

🚩 Conte os elementos de cada quadro e ligue-o ao número correspondente a essa quantidade.

 3

 5

🚩 Conte quantas frutas há de cada tipo e escreva o número que representa essa quantidade.

🔖 Continue desenhando maçãs na árvore até completar **10** unidades. Depois, pinte o desenho.

Conjuntos

Observe:

As joaninhas que estão juntas, envolvidas por uma linha fechada, formam um **conjunto**.

Cada joaninha é um **elemento** do conjunto.

Conjunto de 6 abelhas.

Conjunto de 3 passarinhos.

Conte e escreva o número de elementos de cada conjunto.

🚩 Ligue os conjuntos que têm o mesmo número de elementos.

🚩 Recorte os elementos do final da página e cole-os no conjunto ao qual pertencem.

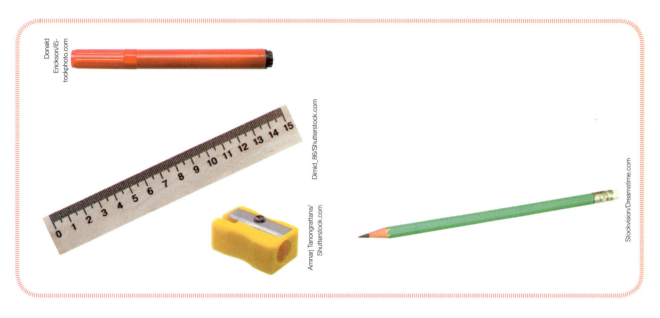

🔖 Circule os elementos que não pertencem a estes conjuntos.

Conjunto vazio e conjunto unitário

Observe:

Esse conjunto não tem elementos. É um **conjunto vazio**.

Indicamos o conjunto vazio com o número 0.

Compare:

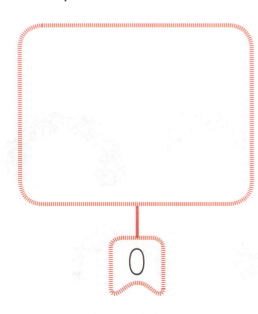

0

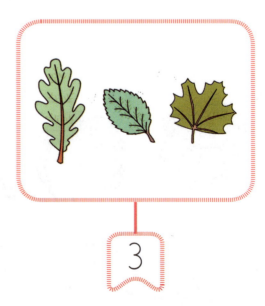

3

Conjunto vazio.　　　Conjunto com 3 elementos.

Agora, observe este conjunto:

Esse é um **conjunto unitário**, pois tem apenas 1 elemento. Compare:

Conjunto vazio.   Conjunto unitário.

📑 Pinte os **conjuntos unitários** e faça um **X** nos **conjuntos vazios**.

🚩 Conte os elementos de cada conjunto e escreva o número correspondente a essas quantidades nas etiquetas.

Adição

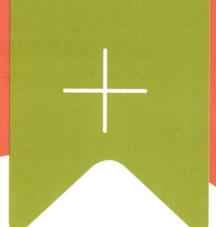

Observe:

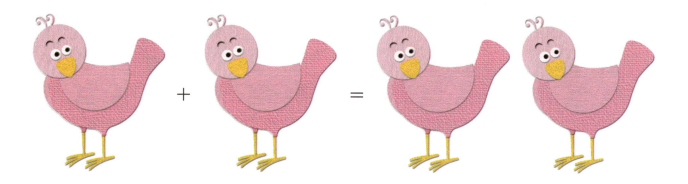

Quando **juntamos** quantidades, fazemos uma **adição** ou **soma**.

O sinal da adição é uma cruz **+** (mais).

Observe como se lê:

2 vestidos **mais** 2 vestidos **é igual a** 4 vestidos

🟩 Faça as adições e desenhe os resultados. Veja o modelo.

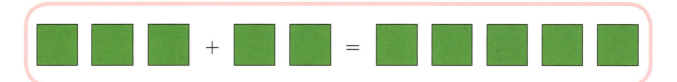

🚩 Ligue cada adição ao resultado correto.

🚩 Siga o modelo e faça as adições.

■ Conte os pontos das peças de dominó e resolva as adições.

_____ + _____ = _____

_____ + _____ = _____

_____ + _____ = _____

_____ + _____ = _____

_____ + _____ = _____

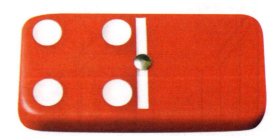

_____ + _____ = _____

Subtração

Observe:
Eu tinha 5 morangos.

Comi 2 morangos.

Com quantos morangos fiquei?

Fiquei com 3 morangos.

Quando **tiramos** quantidades, fazemos uma **subtração**.

O sinal da subtração é um traço **–** (menos).

Observe como se lê:

3 bananas **menos** 2 bananas **é igual a** 1 banana

Neste conjunto há 3 galinhas. Riscamos 2 galinhas. Veja:

Quantas galinhas restam?

$$3 - 2 = 1$$

🔖 Resolva a atividade conforme o modelo acima.

Risque 2 pintinhos.

Sobram _____ pintinhos.

4 – 2 = _____

Risque 5 borboletas.

Sobra _____ borboleta.

6 – 5 = _____

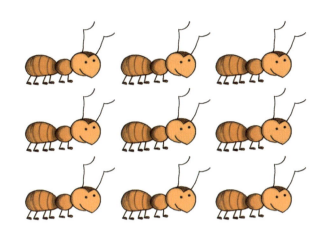

Risque 5 formigas.

Sobram _____ formigas.

9 − 5 = _____

Risque 1 pássaro.

Sobram _____ pássaros.

5 − 1 = _____

Risque 3 zebras.

Sobra _____ zebra.

3 − 3 = _____

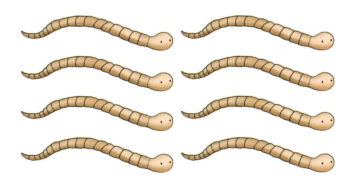

Risque 6 minhocas.

Sobram _____ minhocas.

8 − 6 = _____

🚩 Faça as subtrações e desenhe os resultados. Veja o modelo.

🚩 Siga o modelo e faça as subtrações.

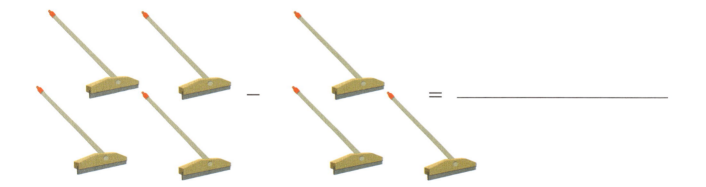

Figuras geométricas

Vamos conhecer algumas figuras geométricas.

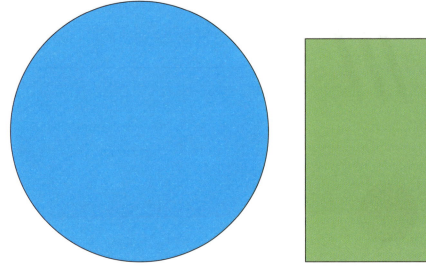

Círculo.

Retângulo.

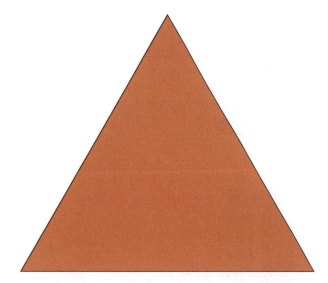

Triângulo.

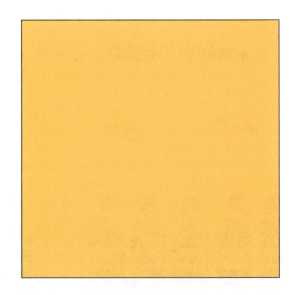

Quadrado.

Cubra os tracejados e pinte as figuras geométricas.

Pinte as figuras geométricas seguindo a legenda de cores.

🔖 Pinte as figuras cujo formato se parece com o de um **círculo**.

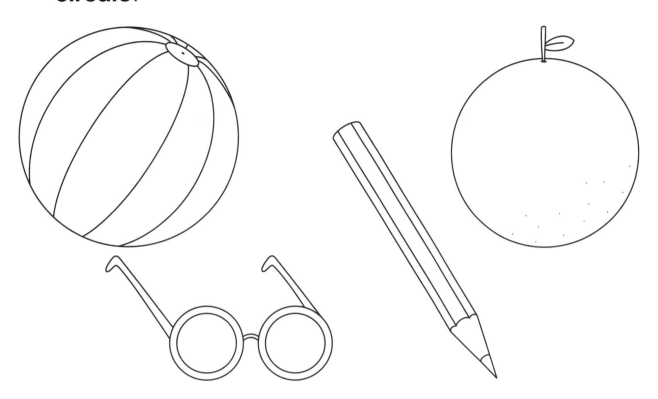

🔖 Pinte as figuras cujo formato se parece com o de um **retângulo**.

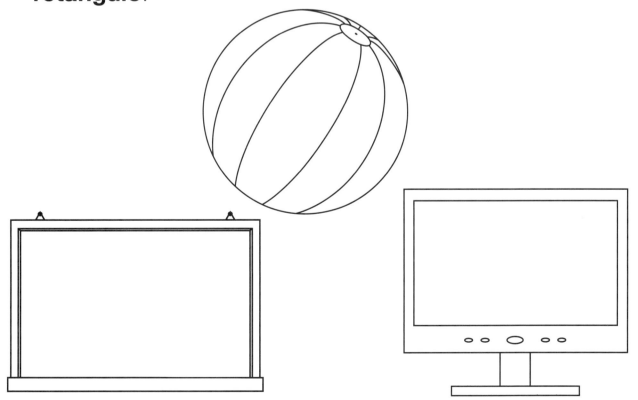

🚩 Pinte as figuras cujo formato se parece com o de um **quadrado**.

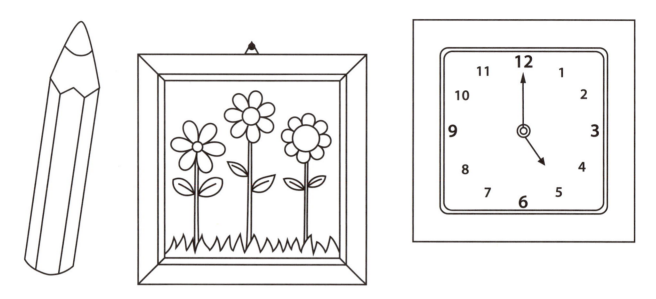

🚩 Pinte a figura cujo formato se parece com o de um **triângulo**.

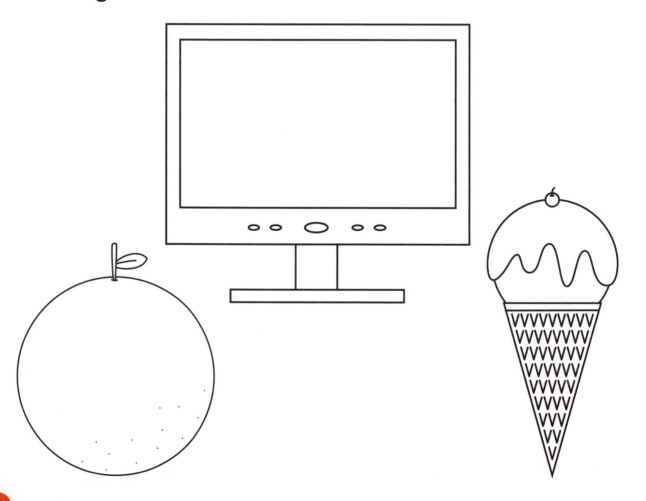

Pinte de **azul** os **triângulos** que encontrar na imagem e de **amarelo** os círculos.

🔖 Agora é sua vez! Faça um desenho utilizando as figuras geométricas que você já conhece.

Natureza

Sumário

Coordenação visomotora 107

Os dias e as noites 110

Os seres vivos 114

Os elementos não vivos 117

As plantas 122

Os animais 128

O corpo humano 136

Os sentidos 139

Coordenação visomotora

Quais são as cores deste tucano?
- Pinte a figura do tucano observando as cores dele na fotografia.

🟩 Recorte de jornais e revistas as partes que compõem um rosto e cole-as na figura abaixo para completar o desenho.

Leve o gatinho até a mãe dele sem encostar nos limites. Depois, pinte o desenho.

Os dias e as noites

Durante o dia, podemos ver o Sol iluminando a Terra. À noite, a Lua e as estrelas podem aparecer no céu.

Sol.

Lua.

Dia.

Noite.

Desenhe o ☀ no quadro da cena que acontece de dia. Depois, desenhe a 🌙 no quadro da cena que acontece à noite.

🔖 Cante a cantiga com os colegas.

Brilha, brilha, estrelinha

Brilha, brilha, estrelinha,
Quero ver você brilhar.
Faz de conta que é só minha,
Só pra ti irei cantar.

Brilha, brilha, estrelinha,
Brilha, brilha lá no céu.
Vou ficar aqui dormindo,
Pra esperar Papai Noel.

Cantiga.

🔖 Você acha que essa cantiga se refere ao que acontece de dia ou de noite? Desenhe a resposta.

■ Cole uma figura ou desenhe para representar:

a) uma atividade que você faz durante o dia;

b) uma atividade que você faz durante a noite.

Os seres vivos

Os seres vivos nascem, crescem, podem se reproduzir e morrem.

Conheça alguns seres vivos a seguir.

Animais.

Pessoas.

Plantas.

Pinte os seres vivos.

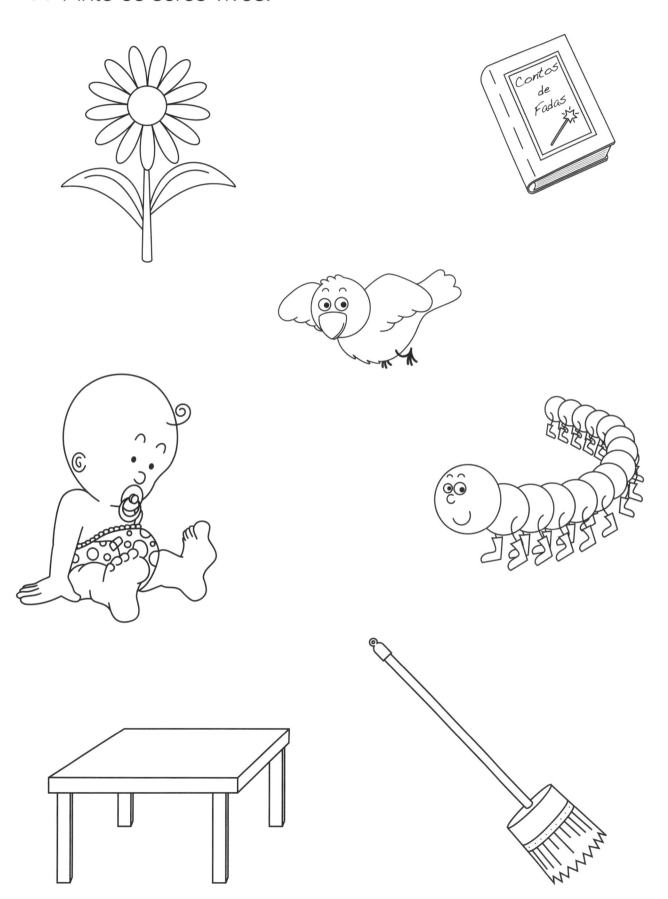

🚩 Recorte de jornais e revistas figuras de seres vivos e cole-
-as a seguir.

Os elementos não vivos

Os elementos não vivos não nascem, não crescem, não se reproduzem e não morrem.

Conheça alguns elementos não vivos a seguir.

Areia.

Pedra.

Água.

Ferro.

Os objetos inventados pelos seres humanos também são elementos não vivos.

▶ Circule os objetos que você usa no dia a dia.

Pinte os elementos não vivos.

🔖 **Recorte de jornais e revistas figuras de elementos não vivos e cole-as a seguir.**

🔖 Marque um **X** nos elementos não vivos e circule de **verde** os seres vivos.

As plantas

As plantas são seres vivos.
Observe o desenvolvimento de uma planta.

O homem plantou a semente.

Ele regou a terra todos os dias.

A planta cresceu.

Reproduziu-se, deu flores e frutos.

E morreu.

🔖 Numere as etapas de desenvolvimento de um girassol.

🚩 Pinte somente as figuras que representam elementos necessários a uma planta para ela crescer forte e sadia.

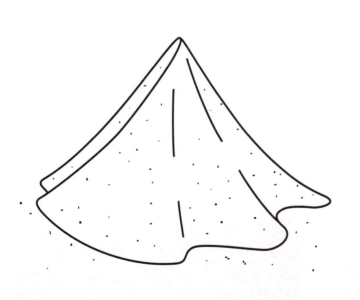
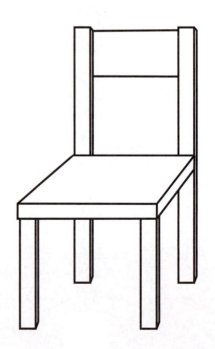

A planta é formada por **raiz**, **caule**, **folhas**, **flores** e **frutos**.

🔖 Circule somente as figuras que mostram as partes de uma planta.

As plantas são muito importantes para o planeta. Elas ajudam a purificar o ar que respiramos.

Conheça outras utilidades das plantas.

Alimentação.

Artesanato.

Decoração.

Construção.

Remédio.

Vestuário.

Imagine como seria a vida em nosso planeta se não existissem as plantas e converse com os colegas sobre isso.

Os animais

Os animais também são seres vivos, pois nascem, crescem, podem se reproduzir e morrem.

Eles precisam de água, alimentos e outros cuidados para se desenvolver.

Você sabia que os animais não são todos iguais?

Veja como eles podem se locomover.

Andando.

Voando.

Nadando.

Rastejando.

Alguns animais são pequenos, outros são bem grandes.

O revestimento do corpo dos animais também varia. Os peixes, por exemplo, têm o corpo coberto de escamas. Eles vivem na água.

As aves têm o corpo coberto de penas. A maioria das aves pode voar.

Outros animais têm o corpo coberto de pelos e vivem na terra.

🚩 Pinte os animais e ligue-os ao nome do tipo de revestimento do corpo deles.

escamas

penas

pelos

Os animais que podem conviver com os seres humanos são chamados de **animais domesticados**.

Os animais que nascem e/ou vivem livremente na natureza são chamados de **animais silvestres**. Esses animais, normalmente, não estão habituados à presença do ser humano.

▰ Faça uma **+** nos animais domesticados e circule os animais silvestres.

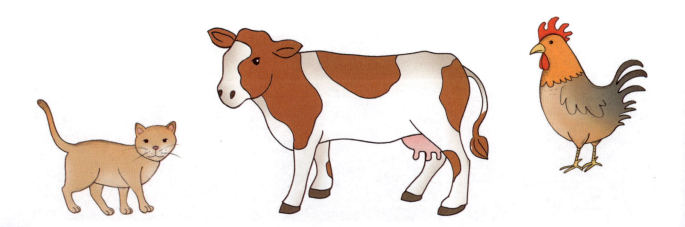

Alguns animais facilitam a vida dos seres humanos, por isso são chamados de **animais úteis**.

A vaca nos fornece carne, leite e couro.

A galinha nos fornece carne e ovos.

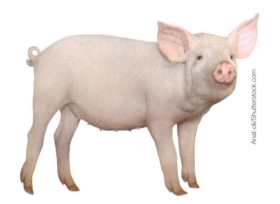

O porco nos fornece carne e banha.

O peixe nos fornece carne e óleo.

O carneiro nos fornece carne e lã.

A abelha nos fornece mel e cera.

Certos animais podem causar danos à saúde dos seres humanos e atrapalhar seu modo de vida. Por isso, são chamados de **animais nocivos**.

O rato, a barata e a mosca, assim como o piolho e alguns mosquitos, podem transmitir doenças aos seres humanos.

A lagarta, o gafanhoto e a formiga podem atacar as plantações e causar grande prejuízo aos agricultores.

Algumas espécies de aranhas, escorpiões e cobras têm uma picada venenosa e que pode até matar.

Pinte os **animais úteis** aos seres humanos e faça um **X** nos **animais nocivos**.

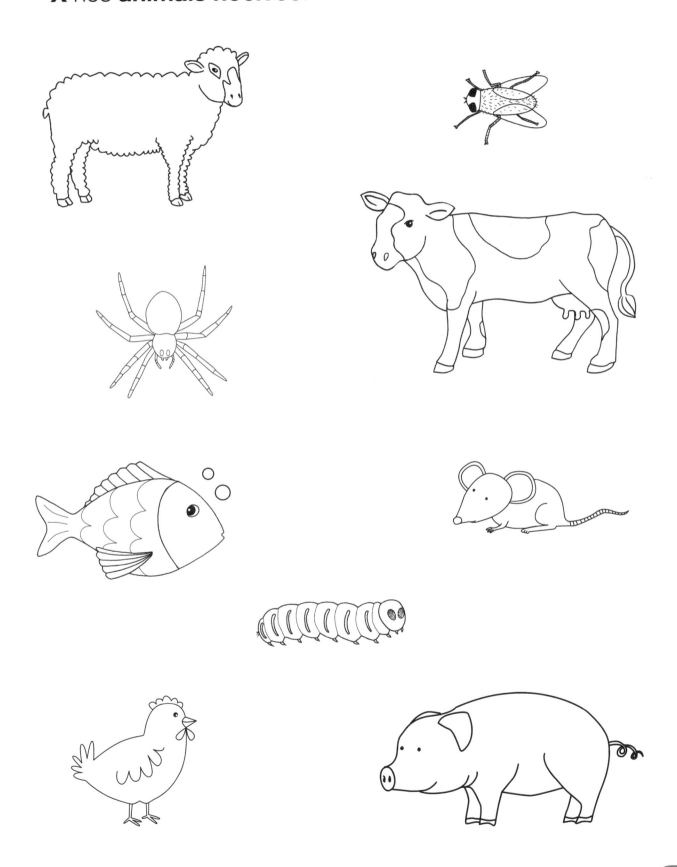

O corpo humano

🔖 Cante a música com os colegas e o professor e aponte em você as partes do corpo citadas nela.

Boneca de lata

Minha boneca de lata
Bateu a cabeça no chão.
Levou mais de uma hora
Pra fazer a arrumação.
Desamassa aqui pra ficar boa.

Minha boneca de lata
Bateu com o nariz no chão.
Levou mais de duas horas
Pra fazer a arrumação.
Desamassa aqui,
Desamassa ali pra ficar boa.

[...]

Cantiga.

🟩 Pinte a figura do menino desta página ou a figura da menina da página 138. Depois, destaque a página escolhida, cole-a em cartolina, recorte a figura nas linhas tracejadas e está pronto seu quebra-cabeça. É só brincar de montá-lo.

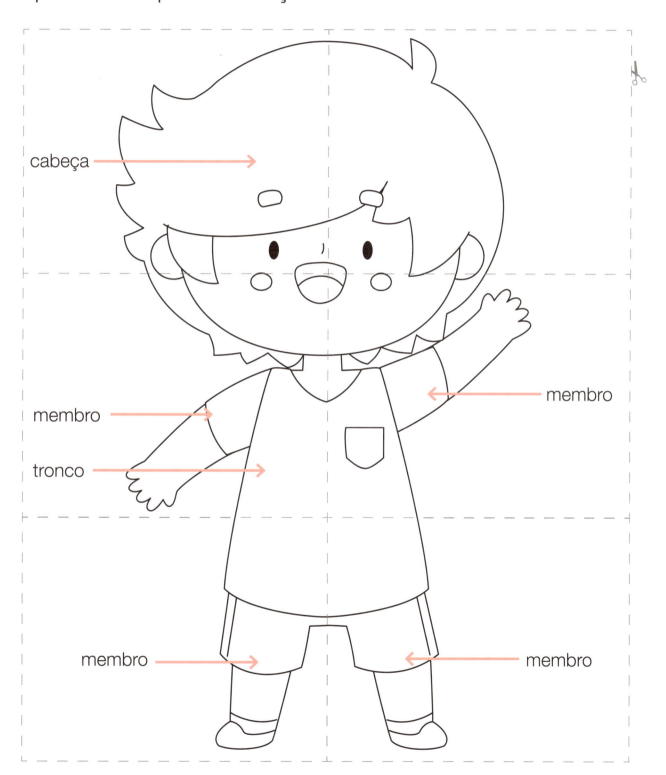

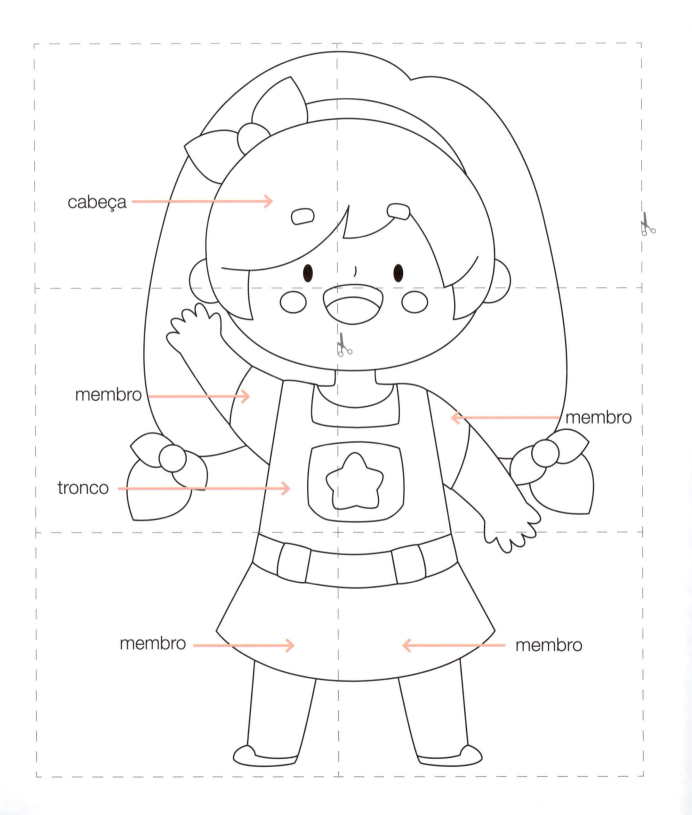

Os sentidos

Conhecemos o mundo por meio de nossos sentidos. Eles ajudam o corpo a perceber tudo o que está ao redor.

Os seres humanos têm cinco sentidos.

Gustação (língua).

Olfato (nariz).

Visão (olhos).

Tato (pele).

Audição (orelhas).

Gustação – Por meio da língua sentimos o gosto dos alimentos.

🚩 Pinte a criança que está usando o sentido da gustação.

🚩 Marque um **X** no quadrinho do órgão do sentido da gustação.

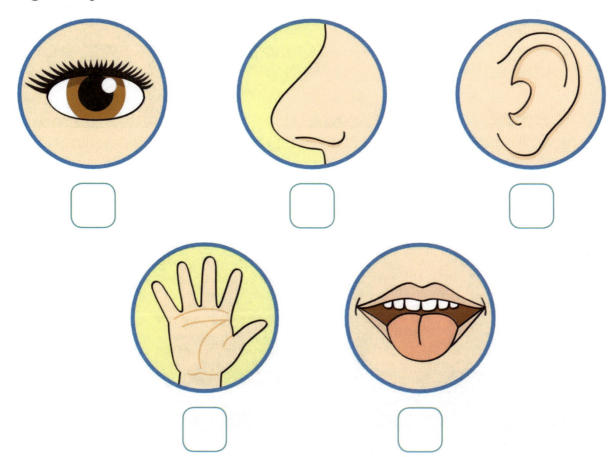

Olfato – O nariz é o órgão responsável por sentirmos o cheiro das coisas.

🚩 Pinte a criança que está usando o sentido do olfato.

🚩 Marque um **X** no quadrinho do órgão do sentido do olfato.

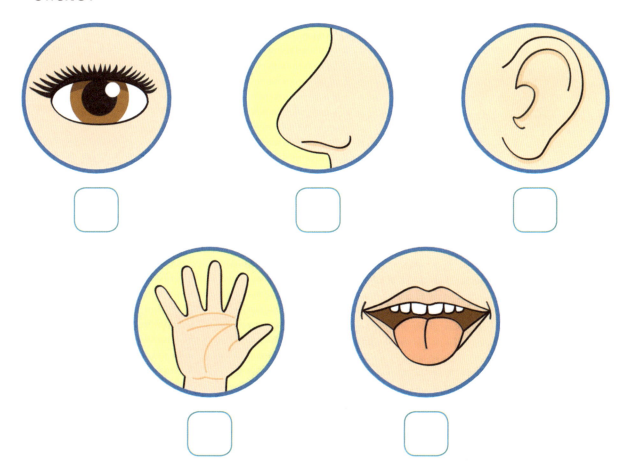

Visão – Com os olhos vemos as coisas a nosso redor.

🚩 Pinte a criança que está usando o sentido da visão.

🚩 Marque um **X** no quadrinho do órgão do sentido da visão.

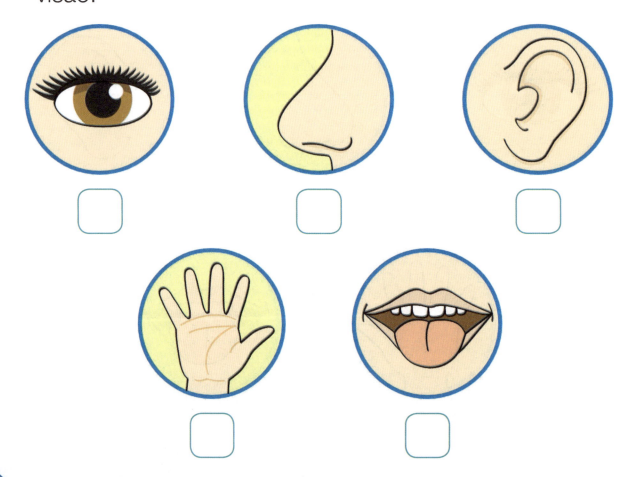

Tato – Com a pele sentimos e diferenciamos o que nos cerca: quente/frio; áspero/liso; duro/mole etc.

🔖 Pinte a criança que está usando o sentido do tato.

🔖 Marque um **X** no quadrinho do órgão do sentido do tato.

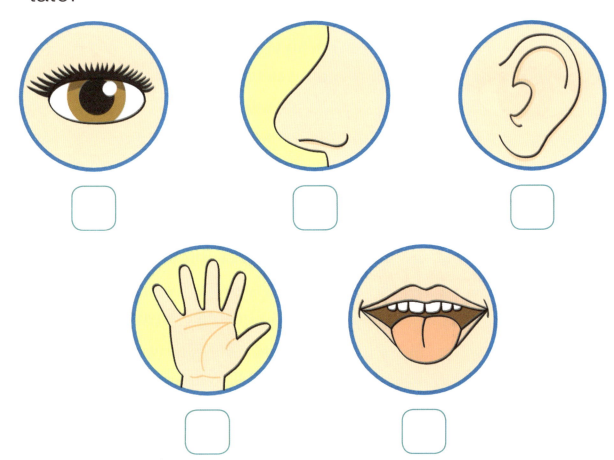

Audição – É com as orelhas que ouvimos os sons que nos cercam.

🚩 Pinte a criança que está usando o sentido da audição.

🚩 Marque um **X** no quadrinho do órgão do sentido da audição.

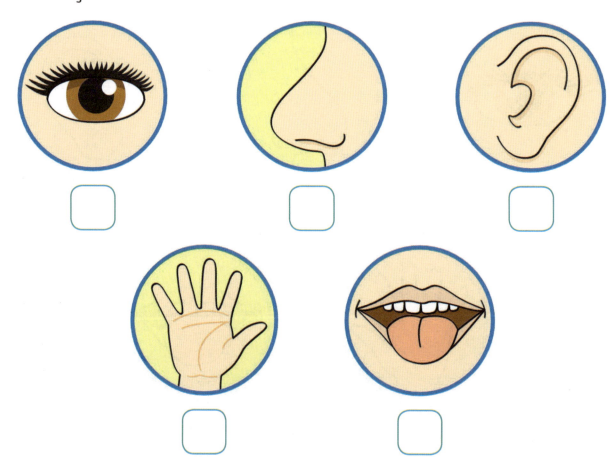